그곳에는 구름 따라 떠도는 / 먼마살 낀 사람들이 찾아와 / 차 한잔
으로 마음을 씻고 / 명주를 뽑인 현설에서 비켜 앉아 / 머리를 식혀도 좋다 /
아… 구름 카페는 / 생전에 존재 할수 없는 것이어도 좋다

나는 꿈으로 산다
그리움으로 산다 — 윤재천 · 구름 카페

윤재천 글 · 성춘복 그림

수필 아포리즘

윤재천

1판 1쇄 인쇄/ 2012년 2월 5일
1판 1쇄 발행/ 2012년 2월 10일

지은이 / 윤재천
펴낸이 / 우희정
펴낸곳 / 도서출판 소소리

등록 / 제300-2007-21호
주소 110-521 서울 종로구 혜화동 35길
경주이씨 중앙회빌딩 302-1호
전화 / 765-5663, 766-5663(Fax)
e-mail: sosori39@hanmail.net
www. sosori.net

*잘못된 책은 바꿔드립니다. 값 8,000 원

ISBN 978-89-97294-09-1   03810

*이 책의 출판권은 도서출판 소소리에 있습니다. 무단 전재 및 복제를 금합니다.

아포리즘 수화집(隨畵集)

수필 아포리즘

윤재천

책을 내면서

화두(話頭)가 창조의 초석이기를

'아포리즘'이란 용어는 신념화된 확신을 대중에게 알려 계도할 목적으로 외치는 함성으로, 그 기원은 의학자 히포크라테스가 저술한 『아포리즘aphorism』에서 시작된다.

"인생은 짧고 예술은 길며 모든 일은 갑작스럽게 찾아왔다 사라지는 것이므로, 경험이라는 것은 사람을 속이곤 하여 어떤 판단도 쉽게 내리지 못한다"고 했다.

이 말은 후세에 '격언(格言)·금언(金言)·잠언(箴言)' 또는 '경구(警句)'로 해석되고 있다. 간결한 표현이면서 널리 '진리'로 인정되고 있어 사람들에게 묵상의 화두로 남고 있다.

'수필 아포리즘'집(集)은 실존하고 있는 것이 언제 어떤 모습으로 바뀔지 모르므로 수필에 대한 잠언을 모아 동아리 지어 보았다.

오랜 숙고를 통해 얻은 깨달음이 근간이 되어 상재되는 땀방울이 가치 있는 조언(助言)이 되기를 기원한다.

삶은 누구에 의해서도 완전하게 결론지어질 수 없어,

인류의 영원한 관심의 대상이고 반복되어 맡겨질 과제이므로, 모든 것은 시대적 추세를 무시할 수밖에 없고 무시한 상태에서는 관심의 외곽으로 밀려날 수밖에 없다.

그러한 의미에서 경기장 관중석을 가득 메운 사람이 열광하는 가운데 공을 몰고 달려가 골대에 집어넣기 위해서는 많은 노력을 하지 않을 수가 없다.

이 한 권의 '수필 아포리즘'집이 그런 뜰을 조성하는 데 첫 밭이 되고, 수필을 발전시키는 데 자극제가 되어 귀한 텃밭으로 일궈가길 고대한다.

누군가가 선각자 역할을 하며 깃대를 들고 달리다 보면 많은 이들에 의해 이런 작업이 계속 이어져 알찬 결실이 수확될 수 있다.

전광석화 같은 화두에 고민하며 매력을 느끼다 보면 우리나라 수필은 한 단계 위로 상승하게 되어 새롭게 출발하는 계기로 전환된다.

이것은 수필인 모두가 관심을 가져야 할 과제가 아닐까.

서초동 구름카페에서 윤재천

▷ 차례

‖수필은 인간학·8‖수필은 창의문학·10‖수필은 언어예술·12‖수필은 신문고(申聞鼓)·14‖수필은 큰 그릇·16‖수필은 해바라기·18‖수필은 인간고찰·20‖수필은 마음수련·22‖수필은 비망록·24‖수필은 날개옷·26‖수필은 영육(靈肉)의 훈련·28‖수필은 혁신자·30‖수필은 뿌리 깊은 나무·32‖수필은 진실게임·34‖수필은 소신공양·36‖수필은 삼전지묘(三傳至妙)·38‖수필은 등불·40‖수필은 아이러니·42‖수필은 수사학(修辭學)·44‖수필은 아이패드·46‖수필은 독대·48‖수필은 글로벌·50‖수필은 촌철살인(寸鐵殺人)·52‖수필은 흐름·54‖수필은 창의성·56‖수필은 새 바람·58‖수필은 진국·60‖수필은 은유문학·62‖수필은 생각의 너비·64‖수필은 노정(路程)의 문학·66‖수필은 열린 문·68‖수필은 마당발·70‖수필은 통섭(統攝)·72‖수필은 아우르기·74‖수필은 포용의 용기(容器)·76‖수필은 깃발·78‖수필은 개성문학·80‖수필은 풍류문학·82‖수필은 화수분·84‖수필은 전천후 문학·86‖수필은 시도·88‖수필은 마음

길·90‖수필은 열린 마음·92‖수필은 촛불문학·94‖수필은 천의무봉(天衣無縫)·96‖수필은 도전문학·98‖수필은 광활 흩눈·100‖수필은 마당놀이·102‖수필은 진경산수화(眞景山水畵)·104‖수필은 모색·106‖수필은 무궁무진·108‖수필은 갈등문학·110‖수필은 개성파·112‖수필은 화룡점정(畵龍點睛)·114‖수필은 치유은사(治癒恩師)·116‖수필은 온고이지신(溫故而知新)·118‖수필은 이단자·120‖수필은 주제문학·122‖수필은 미래파·124‖수필은 끼·126‖수필은 이미지·128‖수필은 생명력·130‖수필은 선지자·132‖수필은 진솔한 자아·134‖수필은 총천연색·136‖수필은 난수표·138‖수필은 민주주의·140‖수필은 융합예술·142‖수필은 절차탁마(切磋琢磨)·144‖수필은 디자인 문학·146‖수필은 상징문학·148‖수필은 시의성(時宜性)·150‖수필은 과도기·152‖수필은 개방주의·154‖수필은 통찰력·156‖수필은 다양화·158‖수필은 공감·160‖수필은 명장(明匠)·162‖수필은 개성미·164‖수필은 시대정신·166‖수필은 무한궤도·168‖수

필은 전위예술·170 ‖ 수필은 혁신예술·172 ‖ 수필은 재창조·174 ‖ 수필은 고유의 색·176 ‖ 수필은 만물상·178 ‖ 수필은 삼위일체·180 ‖ 수필은 내공쌓기·182 ‖ 수필은 시각적 수사(修辭)·184 ‖ 수필은 개발·186 ‖ 수필은 우회의 여유·188 ‖ 수필은 바다·190 ‖ 수필은 열린 음악회·192 ‖ 수필은 퓨전·194 ‖ 수필은 광야·196 ‖ 수필은 브랜드·198 ‖ 수필은 융합주의·200 ‖ 수필은 반추상(半抽象)·202 ‖ 수필은 물결·204 ‖ 수필은 술이부작(述而不作)·206 ‖ 수필은 탈장르·208 ‖ 수필은 컨버전스·210 ‖ 수필은 뮤지컬·212 ‖ 수필은 메타·214 ‖ 수필은 수심(隨心)의 본령(本領)·216 ‖ 수필은 보물창고·218 ‖ 수필은 형상화·220 ‖ 수필은 시심(詩心)·222 ‖ 수필은 자기 영주(領主)·224 ‖ 수필은 승화·226 ‖ 수필은 시대 반영·228 ‖ 수필은 여정·230 ‖ 수필은 노래·232 ‖ 수필은 자기 면모·234 ‖ 수필은 성찰·236 ‖ 수필은 길손·238 ‖ 수필은 만화경·240 ‖ 수필은 다문학(多文學)·242 ‖ 수필은 파수꾼·244 ‖ 수필은 리모델링·246 ‖ 수필은 첫 봉오리·248 ‖ 수필은 사랑·250 ‖ 수필은 나의 외골수 행보·252

수필은
수필은
수필은
수필은
수필은
수필은
수필은
수필은
수필은
수필은
수필은

1 수필은

인간학.

인간 내면의 심적 나상을 자신만의 감성으로 그려내는 한 폭의 수채화.

한 편의 수필에는 자신의 철학과 사유, 현재와 과거의 행적, 미래를 예시하기 위한 공감대가 형성될 수 있는 메시지가 담겨 있어야.

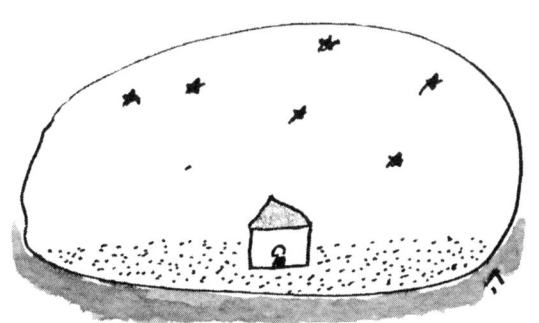

수필은 인간학

2 수필은

창의문학.

사실을 그대로 드러내는 문학이 아님.

함축과 묘사를 통해 자신의 생각을 효과적으로 형상화하고 적절한 예시를 들어 독자와의 거리를 좁히는 문학.

끊임없이 변하는 독자, 관습에 매여 있는 작가.

수필은 창의문학

3 수필은

언어예술.

논설이나 훈계조의 직설화법이 아니라 정서가 흥건하게 배어 있는 메타포.

작가는 시대를 꿰뚫는 혜안과 통찰력이 필요.

수필은 언어예술

4 수필은

신문고(申聞鼓).

시대와 동행하는 또 하나의 캔버스.

작가는 세상을 향해 눈과 귀를 열어 놓는 자세가 필요.

예전에 옳다고 생각한 가치가 진실이 되지 못하고 그 반대일 수 있는 것이 시대의 흐름.

그 흐름을 간파하며 독창적인 시각으로 사물을 바라보는 가운데 나만의 신선한 것을 찾아내야.

수필은 신문고

수필은

큰 그릇.

열린 사고(思考)로 세상을 읽어가는 놋쇠그릇.

수필의 소재는 제한되지 않고 무엇이나 그 대상으로 삼을 수 있는 거대한 그릇.

시대감각을 무시한 채 단순한 과거 회상이나 '나'의 일상에서 벗어나지 못하게 되면 객관성을 잃게 돼.

수필은 큰 그릇

6 수필은

해바라기.

컵에 물이 반쯤 담겨 있을 때 반밖에 남지 않았다고 조급해하는 마음과 아직 반이나 남아 있다고 생각하는 마음은 하늘과 땅만큼의 차이.

세상을 긍정적으로 바라보는 시각이 필요.

사회의 어두운 소식을 잘 승화시키고 숨겨진 미담도 따뜻하게 수용할 수 있는 시선이 작품 속에 스며들어야.

수필은 해바라기

7 수필은

인간고찰.

과거를 비춘 미래의 통로로 '나'를 통한 '우리'의 고찰.

시계추가 끊임없이 양쪽으로 흔들리지만 지지점을 가진 것처럼, 세상을 보편적 기준으로 주시하려면 흔들리지 않는 주관이 있어야.

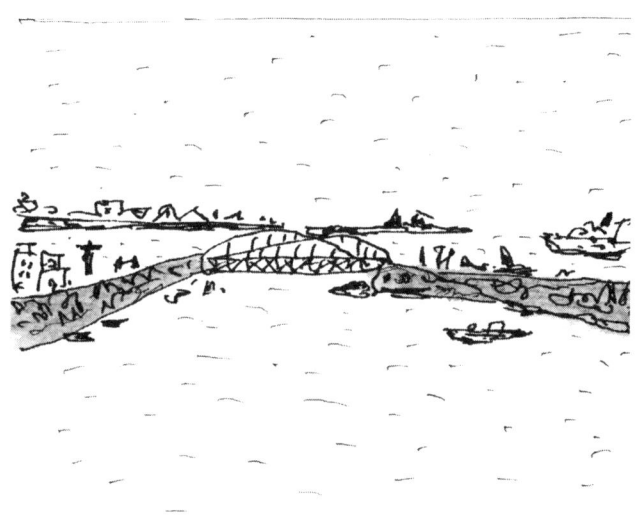

수필은 인간고찰

8 수필은

마음수련.

지식을 넓고 고르게 습득해야.

많은 것을 생각해야 적절하게 글을 조립할 수 있어.

세상은 상하수직관계와 상호수평관계로 이루어져 있어 자칫 잣대를 잘못 대어 위에서 내려다보는 글이 되면 자기과시로 흐르게 되고, 지나치게 겸손하면 자기비하가 되기 쉬워.

수필은 마음수련

9 수필은

비망록.

부드럽고 거칠더라도 자기만의 색상이 뚜렷해야.

차별성 있는 소재로 글감을 다루고 남과 다른 목소리로 말할 줄 알아야.

소재를 선택할 때 자신의 일상에만 머물게 되면 식상하기 쉬워.

나만의 시각으로 세상을 읽어내고 그 흐름을 정확하게 표현하려면 다양한 경험과 창의적 상상력이 필요.

수필은 비망록

10 수필은

날개옷.

상상력의 폭만큼 감동이 증폭.

허구와 상상력의 구분은 논의할 가치가 없음.

객관적 사실을 뒤집는 거짓말이 아니라 상상의 나래를 펼쳐 행복한 비전을 제시할 수 있어야.

개인이 겪은 가감 없는 사실전달이 아니라 작가의 상상력에 의해 생산되는 창의적 문학 장르.

수필은 날개옷

11 수필은

영육(靈肉)의 훈련.

단락의 문학으로서 중요한 것은 철학과 문장.

작가는 치우치거나 뒤지지 않는 사고력과 문장을 위해 끊임없이 훈련을 쌓아야.

수필은 영육의 훈련

12 수필은

혁신자.

기존의 전통의식을 깨야.

애플사의 스티브 잡스도 아이패드를 통해 컴퓨터와 전자책을 융합, 세계시장을 석권.

수필도 작가의 개성을 바탕으로 독자의 눈과 생각을 붙잡을 수 있는 글이 되어야.

그것은 문학과 자연과학 - 신화의 융합.

수필은 혁신자

13 수필은

뿌리 깊은 나무.

경제를 알아야 정치를 할 수 있고 경영인도 문화에서 아이디어를 얻어내듯 수필도 독자 속으로 파고들어 두 발을 담글 수 있어야.

자기중심의 가치관을 뿌리 삼아 가지를 사방으로 뻗치고 서 있는 나무처럼 세상 온갖 것을 흡입하여 푸른 빛으로 연출해 내야.

수필은 뿌리 깊은 나무

14 수필은

진실게임.

간결하면서도 힘 있는 주장, 맛깔나지만 난삽하지 않은 언어의 선택, 물 흐르듯 자연스러운 문맥의 흐름을 통해 읽고 나서도 긴 여운을 지녀야.

진실이 담겨 있지 않은 글은 번쩍거려 화려함에 눈길을 끌지만, 곧 외면.

지나친 미문(美文)은 진실을 호도할 위험이 있어.

수필은 진실게임

15 수필은

소신공양.

삶에서 빚어지는 슬픔과 외로움을 자기 자신의 체험을 통해 진실하게 그려낼 때 감동과 공감 획득.

내면에 잠재해 있는 감성을 건드리며 냉철한 이론으로 합일을 이룬다 해도 진실이 결여되면 감동을 줄 수 없어.

수필은 소신공양

16 수필은

삼전지묘(三傳至妙).

난을 치는 사람에게는 신의 손짓으로 불리는 '석파란'이 존재.

흥선 대원군이 난을 능란하게 그렸다 해서 그의 호를 따라 석파란으로 불리는 기법은 '좌란 삼십 년, 우란 삼십 년' - 각고의 세월을 거쳐야.

범인(凡人)은 엄두 내지 못할 삼전지묘 기법.

기교가 뛰어나도 삼전지묘가 되지 않으면 난 잎이 아니라 풀잎에 불과.

수필은 삼전지묘

17 수필은

등불.
오래 두어도 변하지 않는 가치는 '진실'이라는 보석.
　자기만의 빛깔과 향취를 품은 작품을 창작하기 위한 고뇌는 수필작가의 소명.
　작가는 그 시대를 선도하는 등불.

18 수필은

아이러니.

완전한 글이 기교를 사용하지 않은 것처럼 보이던 시대는 지남.

고심해서 쓴 글이 독자에게 쉽게 읽힌다고 하지만 상황이 달라지는 시대.

어렵게 쓰인 글은 뜻이 애매하지만 주제가 다의적(多義的)임.

수필은 아이러니

수필은

수사학(修辭學).

원관념을 내세우지 않고 보조관념(은유, 역설, 상징)을 활용하여 작품을 형상화해야.

수필은 수사학

20 수필은

아이패드.
사실과 상상이 교차하는 지점에서 탄생하는 수필이어야.
창의적 작가는 당연한 것도 의심해야.

수필은 아이패드

21 수필은

독대.
형체를 그리지 말고 그 안에 뜻을 그려 넣어야.
눈에 보이는 것보다 군말 없는 함축미를 묘사해야.

수필은 독대

22 수필은

글로벌.

독자와 유리되고, 독자가 읽지 않는 수필은 아무런 의미가 없어.

지식 정보화 사회에서는 상상력과 창의력이 절대적으로 필요.

그것은 독서에 의해 가능.

글로벌 시대에는 지리적 거리가 아무런 의미 없어.

수필은 글로벌

23 수필은

촌철살인(寸鐵殺人).

평이하게 읽히면서도 깊은 철학이 있어야 좋은 글.

현학적인 수사와 자신도 이해하지 못할 만큼 관념을 거르지 않은 글이나 밤에 쓴 애상적 편지글은 금물.

객관적 입증을 거쳐 고증되지만, 자기만의 철학으로 촌철살인의 명쾌함을 담아야.

수필은 촌철살인

24 수필은

흐름.

가슴속에 맑은 물줄기가 흐를 수 있도록 심신을 갈고 닦는 훈련이 있어야.

훈련을 거듭할 때 자기 수양과 인격형성이 이루어져.

글은 자신의 생각을 담아내 남과 공유하므로 혼자만의 생각에 사로잡히게 되면 아집에 빠짐.

폭넓은 사유와 멈추지 않는 자기성찰이 있을 때 좋은 글이 다가와.

수필은 흐름

25 수필은

창의성.

글쓰기는 훈련에 의해 어느 정도 가능하지만, 창작은 떠오르는 영감 없이는 불가능.

멈추지 않는 시도를 통해 잠자고 있는 감흥을 불러일으켜야 창의적 에너지가 나옴.

창의성은 서로 다른 것을 연결하는 것.

수필은 창의성

26 수필은

새 바람.

세태(世態)에 따라 달라져 변하는 사실만이 진실.

새로움을 추구하기 위한 혁신적 조직적 변화의 시도는 고무적.

어제의 사고가 오늘을 이끌어 갈 수 없듯 예술도 세월 따라 변화.

혼자 고답적인 자세를 견지하면 도태되게 돼.

수필은 새바람

27 수필은

진국.

비유와 유추의 문학.

시가 온전한 메타포라면 수필은 반(半)추상이 묘미.

오랜 시간 고아낸 곰국이 진한 국물을 우려내듯 함축은 자르기가 아니라 전체를 졸여내는 과정.

세밀한 수사(修辭)는 오히려 글의 품격을 떨어뜨려.

수필은 진국

28 수필은

은유문학.

형용사와 부사가 넘치면 집은 없는데 방만 오밀조밀 꾸미고 있는 것처럼 허세로 보일 수도.

적절한 비유를 통해 우회적으로 표현하면 한 문단으로 설명할 것도 간접묘사를 통해 줄일 수 있고 그 문장은 적확한 은유 하나로 감동과 설득력을 배가(倍加)시켜.

수필은 은유문학

29 수필은

생각의 너비.
길이가 짧아지고 있어.
길이가 짧아지는 것은 함축을 의미.
짧은 글 안에는 더 많은 은유와 상징을 통한 메시지가 담겨 있어야.
어울리지 않는 미니스커트를 입을 것인지 실루엣을 잘 표현해주는 긴치마를 고집할 것인지는 개성의 문제.
수필은 길이의 문제가 아니라 생각의 너비가 관건.

수필은 생각의 너비

30 수필은

노정(路程)의 문학.
묵묵한 모습으로 나만의 세계를 열어야.
긍정적 적극적 자세로 옳다고 생각하는 것을 밀고 나가 새로운 글의 세계를 열어가야.
진실을 잃지 않는 발전적 변화의 모색은 수필가가 추구해야 할 진정한 세계.
진정한 글은 완성을 향해 걸어가는 노정이 있을 뿐.

수필은 노정의 문학

31 수필은

열린 문.

모든 장르를 함의한 문학으로 포용력을 지니려면 융합적 사고로 종합예술로서의 당당함을 지녀야.

마음의 문을 활짝 열고 세상을 받아들이면 모든 것이 내 것. 담을 허무는 것은 내 울 안을 침범당하는 것이 아니라 담 바깥까지 내 마당.

혼자 세상을 살 수 없는 것처럼 글도 남의 이론을 수용해야 더 풍성한 글이 돼. 자기 주견(主見)이 있는 사람일수록 남의 주장을 인정할 줄 알고 그것이 그 사람의 교양이고 인격.

수필은 열린 문

32 수필은

마당발.

많이 섭렵해야 좋은 글 선별.

모두에게 좋아도 내게 맞지 않으면 좋은 것이 될 수 없어.

다양한 지식과 지혜를 흡수해도 내 안의 정화장치를 통해 스스로를 지켜갈 때 다양한 독서는 자양분.

자신만의 수필론(隨筆論)이 확립되고 남의 이야기도 존중할 안목이 키워질 때까지 끊임없이 논의되고 수정되며 노력해야.

수필은 마당밭

33 수필은

통섭(統攝).

모든 고전이 전범(典範).

고전은 공부하고 신간은 섭렵해야.

고전을 통해 숨은 힘을 기르고 신간에서 새로운 힌트를 얻어 자기 것으로.

인용이나 도용이 아닌 육화(肉化)되고 체화된 다양한 지식과 지혜는 작가의 심성을 이루는 근간.

두루 섭렵하는 동안 격조 높은 글에 대한 안목이 생기고 저속한 글이 구별돼.

수필은 통섭

34 수필은

아우르기.

융통성이 요구되는 문학.

수학공식에 따른 수식(數式)처럼 여유가 보이지 않아 감동보다 답답한 인상을 받게 하는 것은 작가 스스로 관념의 올가미에 묶여 있기 때문.

사실의 전모를 세세히 밝히며 규명하는 일은 중요하지 않아.

수필은 아우르기

35 수필은

포용의 용기(容器).

하늘 높이 날기 위해 인식의 변화가 필요.

작가와 동일체(同一體)라는 말은 신변잡기라는 인상을 각인시켜 작가는 작가대로 독자는 독자대로 한계에 부딪히며 예술적 승화가 불가능하기 때문.

느낀 것과 생각한 것에 머물지 않고 가공과정을 거쳐 새로운 것으로 태어날 때 무엇이든 담을 수 있는 포용의 용기가 될 수 있어.

수필은 포용의 용기

36 수필은

깃발.
시대를 선도하는 것이 작가의 소명.
시대의 흐름을 명확하게 읽으며 그 흐름을 외면하지 않을 때 객관적이며 보편적 진실을 유도할 수 있어.
머물러 있는 것은 퇴보.
교과서적 수필로 공감을 얻어낼 수 없고 유려한 감성을 받쳐주는 냉철한 지성과 명확한 주관을 뒷받침하기 위해 공정하고 객관적 공감이 배면(背面)에 깔려 있어야 감동을 주게 돼.

수필은 깃발

37 수필은

개성문학.

권장도서의 의미는 보편적 의미가 강해.

보편적인 것이 나쁘다는 것이 아니라 모두에게 좋아도 내게 맞지 않으면 좋은 것이 될 수 없어.

내 안의 독특한 창의력과 정화장치를 통해 자신을 분출해낼 때 예술로서의 자양분이 될 수 있어.

수필은 개성문학

38 수필은

풍류문학.

같은 것을 보아도 개개인의 심안(心眼)으로 마음의 움직임을 진솔하게 따라가는 글.

고택(古宅)의 누마루에 걸터앉아 그 집의 생성연대를 가늠하기보다 살았던 사람의 숨결을 귀담아들어야.

한 칸의 작은 방을 보고 그 방안에서 이루어졌던 담론(談論)과 애환에서 역사의 한 면을 느끼고 보듬어야.

수필은 풍류문학

39 수필은

화수분.

나만의 눈을 가지고 있으면 광채가 남.

그것을 위해 몰입하는 사람의 진중함은 뒤태가 아름답게 보여.

독자를 의식하지 않고 쓰는 글은 사념(思念)으로 흐를 수도 있지만 자기 철학을 확실하게 반영하여 비판을 두려워하지 않을 때 예술성이 존재.

다양한 주장이 충돌할 때 폭발적인 에너지가 창출되고 이때 작가는 비판도 겸허하게 수용해야.

수필은 화수분

40 수필은

전천후 문학.

모든 작품이 천편일률적 범주 안에 고정되면 이를 예술행위에 근거한 작품이라고 할 수 없어.

구체적 해결방법은 장르적 편견을 극복하는 일.

퓨전문학이 양산되고 시의 산문화, 소설의 사소설화, 수필의 상상력이 필요.

함축과 상징으로 인지되던 시가 사설(辭說)을 도입하고 허구의 문학으로 인지되던 소설이 수필과 그 차이를 확인할 수 없으므로, 수필도 고정된 관념을 깨고 상상력을 도입하고 있어 관념의 벽이 존재하지 않는 시대.

수필은 전천후 문학

41 수필은

시도.

무수한 도전 속에서 변하는 것이 발전.

긍정적 적극적 자세로 옳다고 생각한 것은 밀고 나가 나만의 세계를 열어가야.

진실을 잃지 않는 발전적 변화의 모색은 수필가가 추구해야 할 진정한 아포리즘.

좋은 수필에 관한 한 완성은 없어.

끝없는 시도와 도전이 있을 뿐.

수필은 시도

42 수필은

마음 길.

시의 행간에 말하지 못한 언어가 숨어 있다면 수필의 행간에는 미처 담지 못한 마음이 숨어 있어.

마음의 행로를 따라 관조하는 자세로 다듬은 수필은 독자에게 감동을 주므로 수필가가 만 명, 이만 명인들 우려할 필요가 없어.

수필은 마음 길

43 수필은

열린 마음.

혼자 살 수 없는 것처럼, 수필도 남의 작품을 수용함으로써 풍성한 글 세계를 이룰 수 있어.

그것이 그 사람의 교양이고 인격.

그 길만이 발전하는 길.

수필은 열린 마음

44 수필은

촛불문학.

작품의 위상을 확고하게 다져 그 가치를 고양하기 위해 작가의 피나는 노력과 책임의식이 요구.

작가가 작품에 쏟는 애정은 독자에 대한 최대의 봉사.

글은 촛불처럼 작가만이 아니라 독자를 변화시켜 우리가 사는 시대와 사회를 긍정적 방향으로 변화시키는 내재적 힘을 지녀야.

수필은 촛불문학

45 수필은

천의무봉(天衣無縫).

작가 자신의 천재성을 살려야.

수필 쓰기에 있어 구성이나 소재, 주제나 기법에 대해 디테일한 강의를 하지 않는 것은 선험의 이론 없이 열린 마음으로 글을 쓰라는 의도.

좌충우돌의 시도로 천신만고 끝에 얻어진 작법만이 특유의 노하우와 천재성으로 이어져 타인의 글과 비교될 수 없는 특색을 지니게 돼.

수필은 천의무봉

46 수필은

도전문학.

아방가르드 글쓰기로 자기 목소리를 낼 수 있을 때까지 몰두, 도전하며 시도해야.

실패를 두려워하지 않는 아방가르드(혁신적) 정신만이 작가의 진솔한 내면을 보여줄 수 있어.

작가에겐 시대를 앞서 가는 혜안이 필요.

혁신적인 글의 세계를 열기 위해 모든 분야를 섭렵 시도해야 작품 속에 자신도 모르는 사이에 인생관과 세계관, 우주관이 배어남.

수필은 도전문학

47 수필은

광활 홑눈.

두 개의 눈을 갖고도 세상을 잘 보지 못하는 사람이 많은 시대에 한 개의 눈으로도 세상을 바라볼 수 있으면 그 눈은 개성적 눈.

바라보는 관점과 시선에 따라 세상은 광활한 우주이거나 좁고 깊은 크레바스와 같은 암흑세계가 되기도.

작은 것에서도 감동을 얻고 공감대를 확장시킬 수 있으면 그 글은 성공한 작품.

수필은 광할 흩눈

48 수필은

마당놀이.

마당놀이는 연출자와 출연자 관객이 흥겹게 합일되는 화합의 광장.

한마당 '얼~쑤!' 하고 신명 나게 춤을 추는 춤사위 판.

놀이판에서 탁 트인 마당과 함께하는 관객이 있어 명창의 소리가 돋보이듯 열린 마당이 있어야 어깨춤이 절로 나와.

어울려 웃고 우는 화합의 마당놀이 퍼포먼스가 필요해.

수필은 마당놀이

49 수필은

진경산수화(眞景山水畵).

사실 자체를 기록하는 것에서 벗어나야.

사진과 다르지 않은 실경산수화(實景山水畵)는 사실에 지나지 않음.

작가가 작품을 통해 궁극적으로 목표하는 것은 상상력을 통해 설정된 가상적 현실 - 상상이 내재된 정선(鄭敾)의 그림 같은 '진경산수화'로 형상화되지 않으면 예술적 가치를 인정받기 어려워.

수필은 진경산수화

50 수필은

모색.

새로운 모색이 중요.

수필에 애정을 가진 사람들이 21세기 한국수필의 아방가르드가 되어 새로운 길을 모색하면 지난 시대와는 다른 업적을 이루어낼 수 있어.

새롭게 시도되는 아방가르드수필은 유행을 따라가는 아류(亞流)의 전사가 아니라 수필의 발전을 위해 환골탈태하는 변화의 주전자(主戰者).

전사(戰士)의 모습으로 전통의 통념에서 벗어나 앞서가는 작품을 쓰게 되면 수필의 영역은 크게 확대발전.

수필은 모색

51 수필은

무궁무진.

창작의 모티브가 다양함은 특별한 제약 없이 작품을 완성할 수 있음을 의미.

이는 수필이 갖는 장점이 될 수 있지만, 제재의 선택에 신중하지 않으면 작품의 질이 떨어져.

문학성은 사상(事象)을 대하는 작가의 안목과 달관을 견지하는 능력에 따라 결정.

작가는 근원적이며 본질적 문제에 대해 구체적으로 관심을 가져야.

수필은 무궁무진

52 수필은

갈등문학.

'여러 가지 제재를 수용'하는 것은 모든 글이 수필의 범주에 속할 수 있다는 말이 아님.

시의 원래 뿌리 서정시는 궁극적으로 합일을 추구하는 문학의 한 갈래이고, 서사시와 극시를 원형적 모태로 하는 소설과 희곡은 갈등구조를 본령으로 하는 문학의 형태.

수필은 그런 것을 문제 삼지 않고 수용하는 문학의 한 유형.

수필은 갈등문학

53 수필은

개성파.

자신의 시력과 사고를 가진 글을 써야.

특유의 시력과 사고를 잃을 때 글은 생동감이 없어지고 온갖 상식이 요동.

작품을 잘 쓰기 위한 몸부림 자체가 기념비적 작품으로 이어져.

야수파의 창시자 마티스처럼, 입체파의 창시자 피카소처럼 직선적인 글보다는 곡선적인 글이 되어야.

수필은 개성파

54 수필은

화룡점정(畵龍點睛).

일상적 제재를 글감으로 했어도 작가의 신선한 안목과 예리한 통찰력이 독자의 마음을 끄는 흡인력이 전제되지 않으면 수필이 아닌 '잡문'.

옥석을 가려 '옥'에 해당한 글은 수필, 그렇지 못한 '석'에 해당하는 것은 잡문. 수필가 스스로 이 어휘를 수용할 필요가 있어.

그 기준을 문학성이 결핍된 글을 발표하는 사람을 수필가 아닌 '잡문가' '잡문인'이라면 수필문학이 크게 발전할 수가 있어.

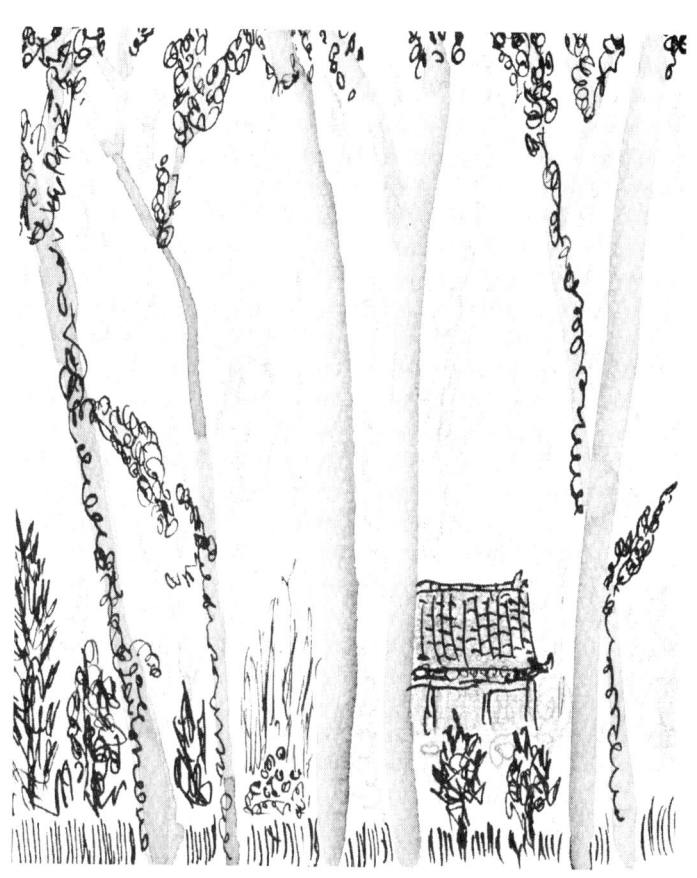

수필은 화룡점정

55 수필은

치유은사(治癒恩師).

치부를 드러낼 만큼 솔직한 글.

'기교적 장치'는 시에서는 메타포를 말하고 소설이나 희곡에서는 작중 등장인물의 대사를 통한 우회적 진술.

수필은 작가가 작품 속의 인물이라는 고정된 관념이 인식되어 있어 스스로 자기 문학에 대해 솔직담백할 수 없어.

그것은 정상적 발전에 나쁜 영향을 미치는 일.

수필은 치부를 끄집어내어 치료해가는 작업.

수필은 치유은사

56 수필은

온고이지신(溫故而知新).

과거 것은 고루할 수 있지만, 조상의 슬기로움이 서린 것은 전통이 될 수 있고, 내일을 위해 형성되는 문화의 인식은 자유의 산물이 될 수도 있어.

현실은 독자를 외면할 수 없어.

그렇지 않으면 스마트 사회에 대처할 수 없고, 이는 권위시대 위로 새로운 물결이 흘러든다는 것을 의미.

하루가 다르게 변모하는 현실과 적응하기 위해 과감한 쇄신과 혁신이 필요.

수필은 온고이지신

57 수필은

이단자.
혁신을 위해 모든 굴레에서 벗어나야.
긍정적인 이단자가 되지 않으면 새로운 가능성을 창출할 수가 없어.
사실만을 기록하고 사실의 표출을 생명으로 하는 선입견에 얽매이면 제자리걸음에서 멈춤.
메타를 지향하지 않으면 생명력과 가치가 상실.

수필은 이단자

58 수필은

주제문학.

주제가 선명하고, 인간적 향기가 있어야.

수필을 '거울'에 비유한 것은 궁극적으로 자기성찰을 통해 자기애(自己愛)를 바탕으로 하는 만큼 자기와의 만남을 도모하는 작업.

다른 장르에 비해 고백적 글이라는 사실이 수필의 문학성 확보와 가치증대에 역행하는 결과로 이어짐.

수필은 내구성을 확보하고 주제와 면밀한 창의성을 도출해야.

주제는 언제나 문학적으로 승화시켜야.

수필은 주제문학

59 수필은

미래파.
과거에 얽매이지 말아야.
미래지향적 주제의 모색과 과감한 장애요소의 타파, 분명한 자기 목소리와 개인적 편견에 머물지 않는 정신이 반영된 작품만이 생명력 있는 수필.
잘못된 고정관념에 갇혀 있으면 정체에 빠져버려.
우리 속에 갇힌 호랑이와 야생의 호랑이의 성정이 다르듯 길들지 않은 야생호랑이처럼 마음껏 뛰어놀고 자신의 기량을 시험해보는 작가정신이 필요.

수필은 미래파

60 수필은

끼.

소재를 잘 선택해 시도하고 다양한 이론과 접목해 자기에게 맞는 문장과 문체를 만들어야.

'수필의 끼'는 몰입하는 힘에서 그 에너지가 나와.

나(感性)와 남(知性)과의 만남을 통해 긍정적이며 적극적 자세로 마그마가 분출될 때 좋은 작품을 창작할 수 있게 돼.

확고한 자기 영역을 구축하는 열정과 몰입의 '끼'가 필요.

수필은 끼

61 수필은

이미지.

마음의 움직임을 스케치하는 거울.

정석(定石)은 따로 없지만, 이미지수필을 발전시킬 수 있는 토대.

다양한 통섭으로 작품이 세계화, 자유화가 되도록 목표의식을 가지고 자기만의 고유체온을 만들어나가야.

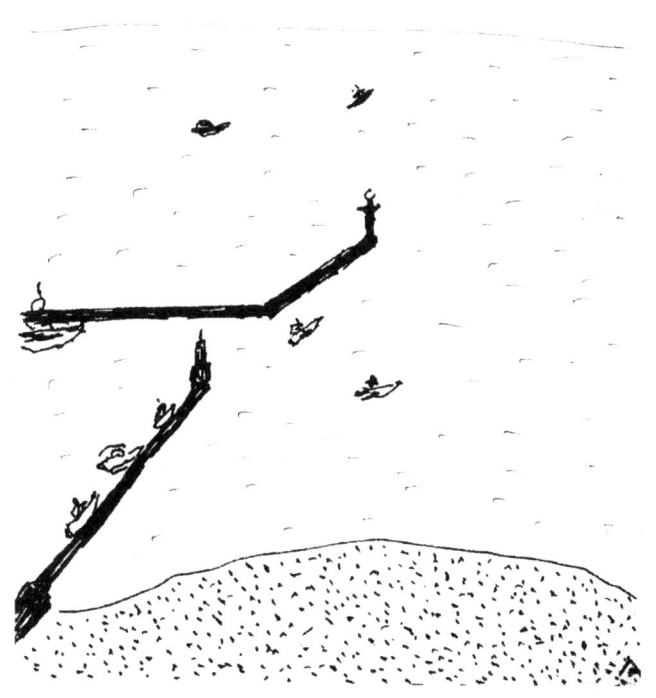

수필은 이미지

62 수필은

생명력.
상상력이 생명.
'개성'은 동행하는 것으로 독단적인 것이 아님.
자기만의 세계를 구축하는 것도 자유로움과 맥락이 같아야.
실험을 위한 도전정신과 자유정신, 모험정신을 바탕으로 새로운 세계를 지향하며 발돋움할 수 있어야.
상상력은 어머니의 자궁에서 잉태된 신성한 생명력.

수필은 생명력

63 수필은

선지자.

젊은 독자를 외면할 수 없어.

하루가 다르게 변모하는 현실에서 자기만의 개성과 지성을 쌓아나가야.

농익은 연륜으로 인간의 향취와 위트가 넘치는 글은 관조의 여유와 인간적 면모를 느끼게 해줘.

수필가는 시대를 앞서 가는 선지자의 모습을 갖추어야 젊은 독자가 다가와.

수필은 선지자

64 수필은

진솔한 자아.

혁신을 위해 종전의 굴레를 과감하게 벗어나 관념의 벽을 헐어내야 진정한 자아(自我)가 형성.

문학의 힘은 진솔한 자아의 발견에서 비롯돼.

수필은 진솔한 자아

65 수필은

총천연색.

금기(禁忌)가 없는 문학.

고정된 사고에서 벗어나 변화를 받아들이고 열린 사고로 다의성을 인정해야.

흰색 청색 황색도 아닌 총천연색이 수필.

색상은 자연이 우리에게 보내는 또 다른 소통의 방식이며 그것을 인식의 범위 안에서 수용하고 해석해야.

수필은 가을 산처럼 모든 것을 포용하고 찬란한 빛깔로 어우러져야.

수필은 총천연색

66 수필은

난수표.

수필 전문잡지가 스무 개가 넘는 현실에서 등용문을 거치는 숫자가 천문학적으로 많아 양적 팽창이 질적 향상을 저해하고 있어.

얇은 의식으로 가볍게 양산한다는 점에서 우려.

이러한 현상은 잡지를 발간하는 발행인의 책임.

한 편의 글이 독자의 가슴속에 오래 남으려면 작가와 발행인의 부단한 노력이 수반되어야.

수필은 난수표

67 수필은

민주주의.

그것은 개성과 화합의 다의성(多義性)을 바탕으로 이루어져.

미국 개척시대 서부 사나이처럼 모래바람 나부끼는 들판에서 홀로 말을 타고 질주하는 그 적막함이 수필창작의 모습.

가치관이 휘청거리는 혼돈의 시대에 흔들리지 않는 나만의 글 세계를 창작하기 위해서는 끊임없는 도전과 그를 뒷받침하는 열정이 필요.

수필은 민주주의

68 수필은

융합예술.

수필적 다다는 기존의 것을 포용하며 기존의 틀을 인정하는 가운데 변화를 추구하는 힘.

부수고 깨뜨려 새로운 것을 창출하는 것이 아니라 다듬고 손질하며 독특한 이미지를 창출하는 것이 수필의 해체주의.

작가는 그물에도 걸리지 않는 바람처럼 자유로운 정신을 견지하며 융합수필을 창조하는 것이 진정한 프런티어 정신.

수필은 융합예술

69 수필은

절차탁마(切磋琢磨).

문학성은 사상(事象)을 대하는 작가의 안목이 어느 정도 달관을 견지하느냐에 따라 결정.

작가는 근원적이고 본질적 문제에 대해 구체적이며 지속적 관심을 지녀야.

현재의 작법에서 과감히 탈피해 새로운 관점에서 문학적 진리를 구축하는 노력이 필요.

미적 감동이 충만한 글로 새로운 '나'를 발견하여 삶에 대한 기존의 인식을 변화시킬 수 있어야 문학성 있는 작품.

수필은 절차탁마

70 수필은

디자인 문학.

디자인은 또 하나의 창조.

방치되어 있던 자연물을 인위적으로 다듬어 모양을 내거나 조합하여 축조물을 이루게 되면 고유한 의미를 지닌 예술품이 될 수 있어.

그 이상의 격(格)을 지닐 수 있게 되어 문화유산으로 남아 생활에 필요한 것이 될 수도 있어.

이 공정(工程)에 절대적으로 필요한 것이 디자인.

수필은 디자인 문학

# 71 수필은

상징문학.

단순히 있었던 일을 기록해 후세에 전하는 사관(史官)이 아님.

시대의 정신과 정서 유행까지 선도하는 역량과 확고한 소신을 갖추어야.

그렇지 않으면 스스로 지쳐 낙오자가 돼.

자르고 오려내고 필요 없는 부위를 잘라내며 조화롭게 다듬는 노력이 없으면 새로운 창조가 불가능.

수필은 상징문학

72 수필은

시의성(時宜性).

글은 우주 자연의 진리를 발견해가는 수단. 모든 작가가 이를 모색하며 나태하지 않을 때 지구촌은 영원히 아름다운 삶터로 건재할 수 있어.

심경을 표현하는 방법의 하나로 그치지 않고 원대한 목표를 실현하기 위한 나침반의 역할을 위해 자기 문학을 성숙시켜가는 작가는 그 작업이 성스러운 보람.

원대한 꿈을 품은 사람의 하루 노역은 진리에 다가가는 걸음걸이와 다르지 않아. 이것이 최고의 시의성이 유지되는 수필의 길.

수필은 시의성

73 수필은

과도기.

이 시대는 과도기적 만상(萬象). 변화의 소용돌이를 의미하며, 시간이 지나면 새로운 모습.

현실은 역사가 어느 지점에 닿기 위해 달려가고 있는 단순한 도정(道程)이 아니고 끊임없이 새로운 영지(領地)를 확보하기 위해 선택되는 채널.

우리가 겪는 고통이나 갈등은 원래의 상황과 원시적 정지상태로 돌아가기 위한 것이 아니라 익숙하지 않은 분위기에서 일탈하여 낯선 것과의 접촉을 통해 익숙해지기 위한 몸살로 보아야.

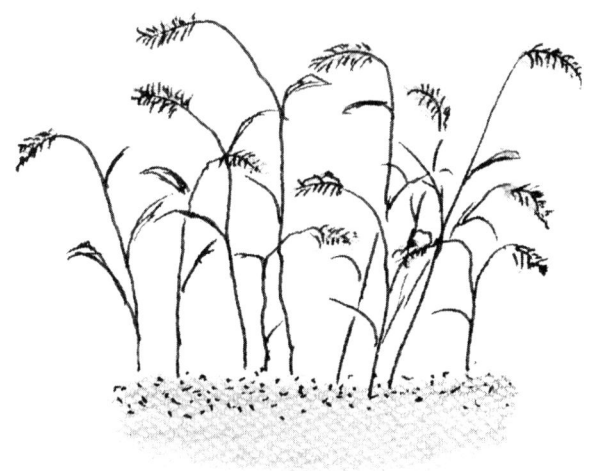

수필은 과도기

74 수필은

개방주의.

정체(停滯)에서 벗어나야.

지금은 부조화가 하나의 조화로 인정되는 시대.

이런 현상은 가부장적 권위를 인정하지 않으려는 시대적 특성을 그대로 반영하는 예.

그것은 그것대로의 가치를 보유하고 있지만, 그 가치를 쌓아가는 동안 시대가 바뀌고 그 구성원의 기호(嗜好)와 성격도 변화를 거듭해 시·공적 보편성을 보유하지 못할 때 그 가치는 반감.

수필은 개방주의

75 수필은

통찰력.

통찰력이 바탕이 된 논리적 체계를 갖춰야.

서양교육에서 우리의 논술과 같은 서술형 위주의 교육을 지향하는 것은 사고능력을 신장시키는 방법이라고 믿기 때문.

답이 하나면 희망이 아닌 절망.

선택의 여지가 없어서 하나의 답을 찾지 못할 경우 대열에서 낙오.

수필도 변하지 않으면 독자의 외면을 피할 수가 없어.

수필은 통찰력

76 수필은

다양화.

운문화경향이 두드러져.

수필이 산문문학이라고 말하는 것은 고정관념에 지나지 않아.

수필과 시는 작가의 주관적 서정을 모태로 하고 있다는 점에서 소설이나 희곡 평론과도 구별.

수필도 고정된 틀에서 탈피해 운문주의를 내세우는 작가와 작품을 접하는 만큼 장르의 특성에 따라 고정적 관점에서 판단하는 것은 전근대적 사고.

수필은 다양화

77 수필은

공감.

수필의 바람직한 모습은 작가 자신의 부각과 노출에 지나치게 치중하지 않고 누구나 공감할 수 있는 것을 언어화함으로써 일체의 번거로움에서 벗어나 심리적 안정을 찾을 수 있도록 기여하는 것이 필요한 덕목.

시가 문학을 대표하는 장르로 인식되어온 것도 '자기'를 부각하기보다 우주와 자연, 대중의 진실한 심정을 표현하는 일에 주력했기 때문.

문학을 사유화하면 할수록 문학은 보잘것없는 존재로 추락.

수필은 공감

78 수필은

명장(明匠).

꽃이 벌을 유혹하느라 온 생의 힘을 자아내 화려함을 연출하듯 글도 자신만의 향기를 뿜어낼 때까지 오랜 시간 숙성의 기간을 거쳐야.

간장을 담글 때도 처음에는 물과 메주가 어울리지 못해 멀건 빛을 내지만 오래도록 항아리 안에서 햇볕과 소금 메주가 어우러져 독특한 풍미를 내고, 세월 따라 익어가듯 노련한 글맛을 내려면 모든 것을 수용하여 오랫동안 숙성을 통해 완성해 가야.

수필은 명장

79 수필은

개성미.

기존의 전통을 무너뜨리지 않으면서 줄기와 뿌리를 살리고 윤기 나게 꽃과 열매를 맺을 수 있는 다양한 방법이 시도되어야.

꽃은 화려하지만, 향이 없는 나무를 접목하여 향과 모양이 좋은 새로운 품종을 개발해내는 것은 끊임없는 시행착오를 거친 오랜 수련의 결과물.

꽃의 생명은 아름다움이 아니라 독특한 향기.

문장의 생명은 의미 없는 미문이 아니라 개성미.

수필은 개성미

80 수필은

시대정신.

시대정신을 무시할 수 없어.

남과 다른 주제와 독창성, 차별성 있는 글로 자신만의 세계를 열어가야.

흐름을 거스르는 가운데 신선한 것을 찾아내야.

뛰어넘기 위해 도전해야.

언제든지 내보일 수 있는 나만의 무기를 가슴속에 간직하여야.

수필은 시대정신

81 수필은

무한궤도.

자유로운 영혼의 창조 작업.

조각을 해체했다가 원본에 맞게 끼워 맞추는 퍼즐놀이는 평면에서 이루어지는 1차원 높은 시도.

보다 확대되고 여유로운 수필작법을 위해 뫼비우스의 띠처럼 자유로운 상상의 날개를 달고 무한궤도를 향하여 의식의 흐름을 거듭해야.

예술은 자유로운 영혼의 창조 작업이며 작가의 혼이 깃든 노력의 양과 크기와 부피에 의해 좌우.

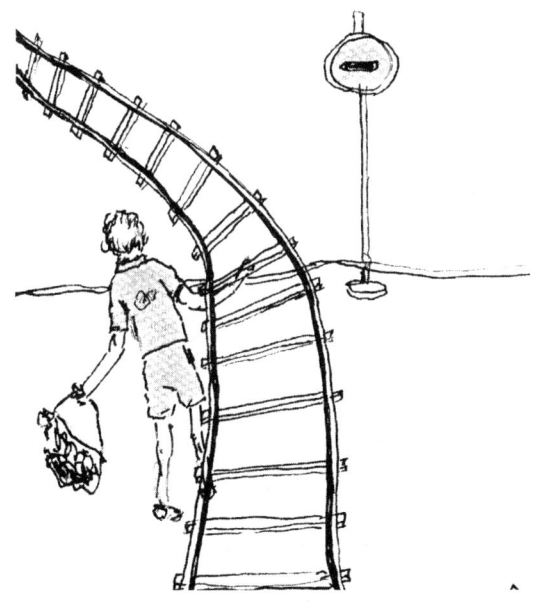

수필은 무한궤도

82 수필은

전위예술.

편협하지 않고 소통할 수 있는 여유를 가져야.

가수가 그림을 그리고, 발레리나가 브레이크댄스를 추며, 탤런트가 사진에세이집을 발간하는 시대.

피카소가 그림의 기본인 원근법을 파괴하고, 백남준이 바이올린을 끈에 매어 끌고 나오는 전위(前衛)를 행했을 때 세계가 놀랐지만, 그것이 그 분야발전의 원천.

수필도 한 곳에만 집착하지 말고 모든 예술장르에 폭넓은 관심을 둬야. 내 것을 소중하게 여기며 다른 것과도 소통할 수 있는 여유를 지녀야.

수필은 전위예술

83 수필은

혁신예술.

수필적 혁신은 기존의 것을 무조건 거부가 아니라, 전통을 끌어안으며 상상의 기폭을 증강해 확대된 시각으로 수필 쓰기를 시도하자는 것.

50년 전에는 '청자연적'식 수필이 새로운 시도였지만, 시대의 흐름에 따라 지금은 무조건 옳다고 할 수 없어.

장르를 뛰어넘는 의식은 시대를 선도할 작가의 소명이며 저버릴 수 없는 문학의 힘.

수필은 혁신예술

84 수필은

재창조.
해체와 조립에서 발전.
문화유산에서의 해체는 다시 조립을 전제로.
백제의 문화유산 미륵사지 전탑(塼塔)은 천년의 모진 풍상을 견디는 동안 귀퉁이가 깨지고, 미래에 대한 배려 없는 보수로 시멘트를 덕지덕지 얹은 흉측한 몰골로 남아 있어.
무너진 탑의 보수를 위한 해체에는 한순간이 아니라 많은 세월과 영혼이 수반되어야.

수필은 재창조

85 수필은

고유의 색.

작가와 기자는 같은 글을 쓰는 사람이지만, '글'은 성격상 판이함.

기자처럼 글을 쓰는 사람을 '수필가'라고 부르는 것도 옳지 않고, 기자가 수필 같은 기사를 쓰면 기사라고 인정하지도 않아.

수밀은 고유의 색

86 수필은

만물상.

벽을 허무는 시대.

세계가 하나가 되는 시점에서 서정수필만을 고집하는 것은 세계화의 흐름을 막는 '쇄국수필'이며 '국수수필'.

수필은 만물상

87 수필은

삼위일체.

마케팅경영의 전략이 필요. 기업의 마케팅도 경영과 전략, 감각의 삼위일체가 이뤄져야 경쟁력이 생겨.

경제를 위해 문화를 알고 정치를 하려면 경제의 순환을 꿰뚫고 있어야.

영화도 역사를 외면하면 관객을 모을 수 없고 전시회도 획기적 접목을 거치지 않으면 진부해져.

한쪽으로 치달아 일방적으로 전달만 하는 것이 아니라 서로 아우르며 함께 교감하는 것이 이 시대 수필의 흐름.

수필은 삼위일체

88 수필은

내공쌓기.

기본훈련에서 천 개의 계단도 첫 번째 발걸음을 내딛는 것으로 시작.

기본을 무시한 획기적 시도는 자칫 혼란을 자초(自招) - 내공을 쌓아야.

수련을 거치지 않고 이룬 성채는 쉽게 무너져.

사회적 이슈와 역사적 모티브도 나의 이야기에서 시작하여 우리의 이야기로 범위를 넓혀야.

수필은 내공쌓기

89 수필은

시각적 수사(修辭).

시각적 효과가 필요.

음식도 모양이 좋아야 구미가 당기듯 문장도 시각적 효과를 살려야.

책의 판형과 편집, 시각적 효과(디자인)가 독자를 가깝게 하는 지름길.

우리나라 휴대전화도 세계시장에서 시각적 효과로 석권.

잘 조율된 수필의 시각적 수사(修辭)만이 독자에게 감동을 줄 수 있는 작품을 창조.

수필은 시각적 수사

90 수필은

개발.

기록하는 통념에서 탈피해야.

사실과 경험만을 기록하는 글은 회상문.

사실과 진실을 구별하여 새로운 영지(領地)를 확보해야 수필의 영역이 넓어져.

수필은 개발

91 수필은

우회의 여유.
수필에서 중요한 것은 '우회(迂廻)의 여유'.
이를 위해 카페문화 구축해야.
　마주앉아 차 한 잔으로 목을 축이며 정담을 나누고 견해를 피력해 동의를 구하는 것은 아름다운 모습.

수필은 우회의 여유

92 수필은

바다.
금기와 정답이 없는 문학.
작가의 모습이 다르듯 우리에게 주어진 문제의 답은 서로 다름.
작가마다 의식과 개념, 철학이 다르기 때문.
지금은 모든 것이 바뀌는 세대 - 4차원 시대.

수필은 바다

93 수필은

열린 음악회.
오브제 개념.
흐름과 리듬이 필요.
건강도 흐름과 리듬이 깨지면 이상 반응.
리듬과 흐름을 유지하며 '열린 음악회' 같은 수필을 쓰도록.
때론 파도 같고 폭포 같은 정서로.
자기가 소장하고 있는 에너지를 최대한 형상화해야.

수필은 열린 음악회

94 수필은

퓨전.
21세기는 퓨전수필 시대.
변화에 대응하지 않으면 제자리에서 정체.
대중의 중심에서 계도의 주체가 되어야 혼이 있는 작가.
작가는 어느 하나만의 색깔에 고정되어 있기보다 자기 스펙트럼을 구축해 대응하는 융통성이 필요.
지금은 세계가 벽을 허물고 하나가 되는 시대.

수필은 뮤전

95 수필은

광야.

새로운 지평(地平)을 열어야.

메타수필, 퓨전수필, 마당수필, 실험수필, 아방가르드 수필 – 이 시대에 맞는 글쓰기를 시도해야.

새로운 지평은 '만남'을 의미.

인간과 인간과의 만남이 아니라 다른 장르와의 만남을 의미.

수필은 광야

96 수필은

브랜드.
자기만의 상표(商標)가 필요.
정형(定型)만을 주장하면 수필은 설 땅이 좁아짐.
자기 특성에 맞는 수필과 상표 있는 글이 되어야.
 같은 재료로 만든 음식도 손맛에 따라 맛이 다르듯 오랜 수련으로 얻어진 자기만의 상표(천재성)는 작가자신의 생명.

수필은 브랜드

97 수필은

융합주의.
해체(解體)와 융합(融合)의 문학.
사회현상도 '해체'와 '융합'.
새로운 통념인 융합주의가 세(勢)를 형성해 영역을 확장해야 수필이 크게 발전.

수필은 융합주의

98 수필은

반추상(半抽象).

반추상은 그 의미가 다의적(多義的).

다의적 수필은 그 특색이 불투명한 메시지로 독자에게 다가가 이미지를 제공.

기존수필의 감성과 구상적 작법에서 발아(發芽)된 글은 한계에 봉착.

수필도 새로운 영토 확장이 필요해.

반추상 수필의 영토가 확장될 때 수필문학이 크게 발전.

수필은 반추상

99 수필은

물결.
어휘구사가 시대를 반영해야.
모든 예술문학은 그 시대를 반영.
수필의 미진함은 문장과 문체, 사고의 정체성 때문.
시대의 흐름에 맞도록 계발해야 젊은 독자가 다가와.

수필은 물결

100 수필은

술이부작(述而不作).

적기만 하고 짓지 않는 사실적 기록이 아님.

본 일을 옮겨 적는 르포기사가 아니라 같은 것을 보아도 자신만의 심안(心眼)으로 심혼(心魂)의 움직임을 따라가는 글이어야.

사유와 의미화가 있어야 문학성 있는 글.

수필은 술이부작

101 수필은

탈장르.
반복적 시도에서 발전.
작가는 금기를 깨고 여러 시도를 할 수 있어야.
수필은 끊임없이 시도하며 장르의 벽을 뛰어넘어야.
글도 시대에 따라 패턴이 달라.
모두가 뛰는 시대에 혼자 꼿꼿한 자세를 고집하는 것은 시대착오적 발상.

수필은 탈장르

102 수필은

컨버전스.

서로 다른 상상력이 충돌할 때 발전적 방안이 모색된다는 의미.

현대는 하나만 고집하는 일방통행의 시대가 아님.

전통적 사유와 만남에서 의도하지 않은 새로움이 발견.

수필은 컨버전스

103 수필은

뮤지컬.
 연기와 노래와 춤이 어우러진 종합공연처럼 완성도 높은 작품을 위해 끊임없이 사유 사색하며 도전해야 수필문학 발전.

수필은 뮤지컬

104 수필은

메타.

'메타수필'을 지향하지 않으면 문학의 생명력과 가치가 상실되는 것이 오늘의 현실.

소설을 의식해 허구의 수용을 주저하고 시와의 변별성을 획득하기 위해 함축적 이미지를 포기하는 것은 어리석은 배려.

장르의 벽을 과감히 뛰어넘어야 진정한 수필문학 발전의 길.

수필은 메타

10장 수필은

수심(隨心)의 본령(本領).

수심은 수연(隨緣)에서.

깊숙이 내 안으로 들여다보는 성찰이 작가와 글을 깊이 있게 해.

바람을 따라 자연스레 잔잔한 파문이 되어 온 누리에 퍼져야.

그것이 진정한 수심의 본령.

수필은 수심의 본령

106 수필은

보물창고.

잠재적 보고(寶庫).

독자의 기대가 범상을 뛰어넘을 때 미래를 창조할 수 있는 잠재적 보고가 가능.

이것이 예술적 작품을 낳기 위한 수필의 보고.

통찰력과 달관, 통합적 성찰을 전제로 할 때 도달 가능한 세계.

수필은 보물창고

107 수필은

형상화.

인간다움을 발견해가는 과정에서 겪게 되는 일상의 사실을 문학적으로 형상화하는 것.

인간적 향기 - 그 탐구와 탐색이 진정한 수필.

수필을 '거울'에 비유한 것은 이 때문.

수필은 형상화

108 수필은

시심(詩心).

수심(隨心)과 시심의 의미는 같아.

한 뿌리에서 자라 상관성에 차별점이 없고 개념의 차이는 있지만, 그 근본은 감흥을 목적으로 하며 언어를 재료로 사용하기 때문.

이때 공감을 불러일으킬 수 있는 공통점을 가지게 돼.

수필은 시심

109 수필은

자기 영주(領主).

자기만의 길이 있어야.

그 길을 찾아 독특한 브랜드의 세계를 구축해야 영주의 지위를 확보하며 영지(領地)를 다스릴 수가 있어.

그렇지 않으면 소임을 위탁받아 관리하는 하수인에 불과.

수필은 자기 영주

110 수필은

승화.

마당수필이 필요해.

무겁고 거친 주제라도 한바탕 춤사위를 통해 연기처럼 승화시켜야.

삶을 테마로 한 대화가 이어져 비난보다 찬사가 울려퍼져 함께 박수소리가 꽃처럼 피어나는 문화적 분위기이어야 살맛나는 세상의 모습.

그것이 마당수필의 꽃.

수필은 승화

1/1 수필은

시대 반영.

사회 속에 속한 사회인으로 시대의 허리를 받쳐주는 중추로 작가적 소명감이 있어야.

시대를 외면한 글은 천상의 음풍농월이며 궤도를 잃어버린 놀이공원의 유희기구로 전락.

수필은 시대 반영

112 수필은

여정.
끝나지 않은 영원한 그리움.
무엇을 찾아 평생을 일념으로 찾아 헤매는 것이 수필의 과업.
살았던 삶을 기록하는 것인 만큼 살고 싶은 삶을 찾는 일에도 걸음을 늦추거나 포기하지 않아야.
그것이 혁신적, 미학적 수필 개척자의 행보이며 자세 - 이데올로기.

수필은 여정

113 수필은

노래.

운율을 품은 산문(散文).

이해를 위해 설명하고 설득을 목적으로 하는 글은 예술적 목표가 아닌 비전문인을 위해 마련한 양념에 불과.

작가가 죄인처럼 진술서를 작성할 필요는 없어.

이것은 스스로 품위를 떨어뜨리는 수필의 추한 모습.

수필은 노래

114 수필은

자기 면모.
이탈이며 도전.
그렇지 않으면 새로워지는 길이 차단되어 진부함을 벗어나기 어려워.
흙탕물을 만들며 휘청거려도 이 길을 피하면 올바른 작가의 태도가 아닌 촌극에 불과.
예술적 기량과 성찰의 면모가 깃들어 있어야 하기 때문.

수필은 자기 면모

115 수필은

성찰.

과일의 상큼한 맛이 나면서도 막 피어난 꽃처럼 싱그러움이 내재되어야.

성찰의 진지함으로 뼈대가 이루어져야.

논리에 함몰되어 목청을 높이면 수필의 맛과 향기를 잃게 돼.

수필은 성찰

116 수필은

길손.

깨달은 자의 술회가 아닌 길을 가는 사람의 눈에 비친 풍경.

자초지종을 설명하려 하지 말고 함께 걸으며 나누는 대화처럼 현장감을 느끼게 해야.

그렇지 않으면 외골수 늪에 빠져 허우적거리다 수렁에 빠지게 돼.

수필 속의 화자(話者)가 지나치게 밖으로 드러나면 주인공이 아닌 기술자(記述者)에 불과해.

수필은 길손

117 수필은

만화경.

사실+신화+상상.

될 수 있는 한 그 실상을 설명하지 않도록.

사실화(事實化)가 아닌 사유(思惟)와 의미화(意味化)가 되어야 다의성이 있는 작품.

그곳에는 잠재된 끼가 몰려 있어 예술화를 도모할 수 있는 그릇으로 변신.

수필은 만화경

118 수필은

다문학(多文學).

사진수필, 미술수필, 영화수필, 음악수필, 스포츠수필, 심리수필, 과학수필, 경제수필, 정치수필, 교육수필, 법률수필, 통일수필 - 모든 장르가 소재가 되는 종합 다문학.

수필은 다문학

11 수필은

파수꾼.

마음의 행방을 응시하며 스케치하는 캔버스.

그 행로를 따라 작은 차이를 느낄 줄 아는 사람이 큰 차이를 놓치지 않아.

수필쓰기는 해방된 영혼의 몸짓으로 시대가 감추고 있는 것도 찾아내는 노력이 필요.

수필은 파수꾼

120 수필은

리모델링.

작가 자신의 문학적 리모델링이 필요.

산행(山行)이 마음과 머리의 때를 씻어내는 목욕이듯 수필도 문학적 측면에서 새롭게 단장하며 리모델링할 때 색깔 있는 작품, 개성 있는 작품, 향기 있는 작품으로 승화.

수필은 리모델링

121 수필은

첫 봉오리.
진실의 산물.
온전히 순수함으로만 뭉쳤을 때 꽃봉오리가 맺혀 꽃을 피워.
글 속의 자아는 개인에 한정되지 않고 모든 이가 돼.
공유할 수 없는 것은 생화가 아닌 조화에 불과.

수필은 첫 봉오리

122 수필은

사랑.

수필을 아끼는 이에게는 꿈과 희망을.

수필발전을 위해 험한 길을 걸어온 도반(道伴)에게는 가슴을 적시는 온기로 남기를.

수필 사랑이 먼 곳까지 퍼져 나가 가슴이 적적한 이에게는 한 줄기 바람으로 머물기를 소망.

수필은 사랑

123 수필은

나의 외골수 행보.

수필에 대한 행보는 조용한 가운데 흐름.

도전과 시도 속에서 생명력이 왕성한 물굽이로 휘돌았으면.

이 행보가 면면히 흘러내려 수필계의 마르지 않는 강줄기로 남기를 희망.

어느덧 수필에 몰두해 온 지 57년.

수필은 나의 외골수 행보

나의 수필 행보

1. 1975년 한국수필문학회(韓國隨筆文學會) 창립
· 1975년 6월 25일 『現代隨筆 62人集』 창간(한국수필문학회).

수록작가
공덕룡·구인환·김상선·김영배·김정오·김해성·남광우·박승훈·변해명·송 도·안춘근·유혜자·윤재천·윤종혁·윤호영·이경희·이계향·이명재·이성교·이원성·이재인·이창배·임헌도·전규태·정봉구·정재호·진인숙·최승범·피천득·한흑구·홍윤숙 외 31명.

· 1976년 11월 25일 『'76·隨筆家』 발간(한국수필문학회).
· 1977년 9월 20일 『現代隨筆 110人集』 발간(한국수필문학회).
· 1985년 9월 25일 『가장 소중한 이름을 위하여』 발간(한

국수필문학회).

2. 대학교과과정에 『수필문학론』 개설
· 1968년 '상명여자사범대학' 국어교육학과 교과 과정에 '수필문학론' 강좌 국내최초로 개설.
· 시대에 맞는 수필론 연구, 수필이 나가야 할 방향 제시하며 고민.

3. 1991년 '현대수필문학회' 창립
· 1992년 수필전문지 『현대수필』 창간.
· 20년 동안 '구름카페 문하생'과 함께 땀 흘리며 제작.

4. 1993년 '한국수필학회' 창립
· 1994년 3월 20일 『수필학』 창간.

수록작가
강범우·공덕룡·김영기·김용구·김우종·박승훈·원형갑·윤병로·윤재천·임선희·장백일·전규태·정봉구·정진권·최승범·하길남·조병화(祝詩).
· 세상에 하나뿐인 수필 학술지(學術誌).

5. 『수필의 날』 제정

'수필의 날' 선언문

수필은 진정으로 살아있는 음성이다. 진지한 삶의 돌아봄이다.

우리는 수필을 통해 다시 태어날 수 있고, 가슴에 불꽃을 피울 수 있으며, 강과 바다를 찬란히 여울지게 할 수 있다. 지혜와 포용이 그 안에 있다. 또한 무한한 가능성이 수필과 함께 함을 확신한다.

수필은 지나간 시간의 기록이 아니라, 우리를 향해 다가오고 있는 미래를 향해 펼치는 사랑의 향연이고, 언어의 축제여야 한다. 모든 고뇌와 기쁨이 정제되어 수필의 품에 뿌리를 내릴 때, 우리의 삶도 빛날 수 있다.

먼 훗날에도 많은 이들의 기억 속에 이 날이 향기로 살아 있고, 보다 더 큰 빛으로 사람들 가슴을 안온히 감싸기를 소망하며, 이에 '수필의 날'을 제정한다.

2001년 12월 1일

· 6년(2006년) 동안 '현대수필' 주관으로 주재하다, 2007년부터 한국문인협회 수필분과로 위임.
· 범수필계가 이 날을 기림으로써 하나가 되기를 소망.

참석자

조병화 · 공덕룡 · 김미자 · 김병권 · 김창주 · 김희수 · 노정숙 · 박미경 · 박진서 · 성춘복 · 오차숙 · 유경환 · 윤재천 · 이기진 · 이미영 · 이옥자 · 이은영 · 이주남 · 임헌영 · 정목일 · 정임옥 · 조윤정 · 조재은 · 지연희 · 차영헌 · 최예옥 · 최이안 · 한명순 · 현옥희 외 15명.

6. 우리나라 처음으로 『수화전(隨畵展)』 전시

· 2004. 9. 24부터 10. 4일까지(갤러리 삼성플라자).

강금희 · 강영주 · 강은소 · 권영옥 · 권현옥 · 김명자 · 김미자 · 김산옥 · 김상미 · 김소현 · 김익회 · 김희수 · 남홍숙 · 노정숙 · 문만재 · 민경희 · 박하영 · 서병화 · 손영선 · 손희순 · 송혜영 · 오차숙 · 유경식 · 윤영자 · 윤재천 · 이규백 · 이승영 · 이영숙 · 이종은 · 이혜숙 · 임운경 · 임이송 · 임지윤 · 장정자 · 정일환 · 조영숙 · 조용자 · 조재은 · 최예옥 · 최옥영 · 최이안 · 최재남 · 한경화 외 17명.

7. 『수화집(隨畵集)』(2005. 4. 25) 발간
· 수화(隨畵)에세이집 『또 하나의 신화』.

- 또 하나의 지향점을 찾기 위해 풀숲을 헤쳐나감.
- 누구도 가지 않은 미지의 길이라 해도 그 길에는 꿈과 희망이.
- 그림과의 접목은 '융합' - '만남'을 상징. 그곳에는 규제할 수 없는 자유로움이 존재.

8. 『구름카페문학상』 제정(2005. 12. 1)
- 제1회 수상자 이규태(조선일보 논설위원)
- 제2회 수상자 마광수(연세대 교수)
- 제3회 수상자 오차숙(문학평론가) 조재은(수필가)
- 제4회 수상자 김희수(수필가) 최민자(수필가)
- 제5회 수상자 박양근(부경대 교수) 최이안(수필가)
- 제6회 수장자 오정순(수필가) 한상열(문학평론가)
- 제7회 수상자 김은애(수필가) 최원현(문학평론가).

9. 『윤재천 수필문학전집』 7권(2008. 4. 28) 발간
- 무지개 색으로 출간된 전집은 운정론, 수필론, 작가론, 수화집(隨畵集)으로 구성.

10. -아방가르드 글쓰기 『퓨전수필을 말하다』(2010. 8. 16) **발간**
- 모든 예술과 일상까지도 아방가르드적인 21세기 - 수필문학도 정체의 한계성에서 과감하게 벗어나 미학적 관점에서 예술적으로 다가가기 위해 혁신 작업이 필요.
- 그것이 진실한 이 시대의 예술문학.
- 아방가르드적 글을 쓰며 수필문학을 선도하는 작가는 권현옥, 오차숙, 조재은, 최이안.

11. 예술원 회원 작곡가 이영자 작품연주회(2011. 11. 20)
- '내 혼에 불을 놓아'에서 '구름카페'가 수필작품으로는 최초로 작곡된 성악곡으로 탄생.

구름카페

나에겐 오래된 꿈이 있다
넓은 창과 촛불, 길게 드리운 커튼
고갱의 그림이 향수를 부르고
낮은 첼로의 음률이
영혼 깊숙이 파고들어

인간의 향기를 물씬 풍기는
카페를 하나 갖고 싶다

그곳에는 영원히 떠나보내고 싶지 않은
사랑하는 사람들을 초대하여
향기 짙은 차를 마시고
비 내리는 날엔 비로
눈 내리는 날엔 눈을 맞으며 다함께 보내고 싶다

그곳에는 구름 따라 떠도는
역마살 낀 사람들이 찾아와
차 한 잔으로 마음을 씻고
먹구름뿐인 현실에서 비켜 앉아
머리를 식혀도 좋다
아… 구름카페는
생전에 존재할 수 없는 것이어도 좋다

나는 꿈으로 산다
그리움으로 산다
가능성으로 산다

나에게including 오래된 꿈이 있다 / 넓은 창과 촛불, 길게 드리운 커튼 /
고갱의 그림이 향수를 부르고 / 낮은 첼로의 흐름에 / 땅콩 껍질이
딱 구르는 / 인간의 향기를 물씬 풍기는 / 카페를 하나 갖고 싶다
나는 꿈으로 산다
그리움으로 산다 — 윤재천 · 주름 카페